Bibliografische Information der Deutschen Nationalbibliothek:

Die Deutsche Bibliothek verzeichnet diese Publikation in der Deutschen National-
bibliografie; detaillierte bibliografische Daten sind im Internet über http://dnb.d-
nb.de/ abrufbar.

Impressum:

Copyright © 2016 GRIN Verlag, Open Publishing GmbH
Druck und Bindung: Books on Demand GmbH, Norderstedt Germany
ISBN: 9783668352216

Dieses Buch bei GRIN:

http://www.grin.com/de/e-book/345487/die-entfremdung-im-kapitalismus-in-den-
philosophisch-oekonomischen-manuskripten

Leonhard Holz

Die Entfremdung im Kapitalismus in den „Philosophisch-Ökonomischen Manuskripten" von Karl Marx

GRIN Verlag

FernUniversität in Hagen
Fakultät für Kultur- und Sozialwissenschaften
LG Philosophie I: Theoretische Philosophie
Modul P4: Theoretische Kulturphilosophie

Die Entfremdung im Kapitalismus in den „Philosophisch-Ökonomischen Manuskripten" von Karl Marx

21. September 2016

Leonhard Holz
BA-Studiengang Kulturwissenschaften
5. Semester, Fachschwerpunkt Philosophie

Inhaltsverzeichnis

1. Einleitung

Als die 1844 geschriebenen „Philosophisch-Ökonomischen Manuskripte" (im weiteren *PÖM*), auch nach ihrem Abfassungsort „Pariser Manuskripte" genannt, 1932 herausgegeben wurden, waren sie schon fast hundert Jahre alt und ihr Verfasser ein halbes Jahrhundert tot. In der Zwischenzeit war der Marxismus zur ideologischen Grundlage eines repressiven Staates und nicht zuletzt durch seine Apologeten philosophisch zweifelhaft geworden. Dementsprechend waren die Hoffnungen groß, durch Einblick in die Gedanken des frühen Marx eine Neuinterpretation und philosophisch haltbare Fundierung des Marxismus angehen zu können.[1]

Tatsächlich ermöglicht das nur fragmentarisch überlieferte Werk einen weiten Rundumblick im Marxschen Denken. Die *PÖM* diskutieren unter anderem eine Anthropologie und die daraus abzuleitende Ethik, eine Soziologie des frühen Industriekapitalismus, den in Abgrenzung vom Deutschem Idealismus entwickelten Historischem Materialismus und seine eschatologische Heilslehre sowie die Skizze der konkreten Form einer utopischen kommunistischen Gesellschaft. Auch wenn Schwerpunkte und Begriffe in späteren Werken anders gesetzt werden, markieren die *PÖM* doch den Startpunkt von Ideen, an denen Marx sich sein Leben lang abarbeiten wird.[2]

Der rote Faden des Werkes bildet jedoch der Begriff der *Entfremdung*, an dessen vielfältiger Bedeutung entlang Marx seine Kulturkritik entwickelt. Es wird im Weiteren der Versuch unternommen, Genese und Bedeutungsspektrum innerhalb der *PÖM* herauszuarbeiten. Dabei werden unvermeidlich weite Teile des Werkes und die in ihnen angesprochenen Themen betrachtet. Den Anfang dazu bildet ein Kurzportrait der Marxschen Anthropologie (Abschnitt 2), welchem dann die von Marx anhand der Nationalökonomischen Literatur seiner Zeit skizzierte kapitalistische Soziologie, also die Marxsche Sicht auf die Wirklichkeit des Menschen in Westeuropa Anfang des 19. Jahrhunderts, entgegengestellt wird (Abschnitt 3). Es folgt die Explikation der *Entfremdung* aus soziologischer (Abschnitt 4) und philosophischer Sicht (Abschnitt 5).

Aufgrund des fragmentarischen Charakters und der vielen, oft impliziten Querverweise und ideengeschichtlichen Hintergründe schwankt die Sekundärliteratur zwischen zu knappen und

---

[1]Vgl. Quante, Michael (Hrsg.): Karl Marx. Ökonomisch-Philosophische Manuskripte. Suhrkamp Verlag, Frankfurt a. M. 2009, S. 334.
[2]Vgl. ebd., S. 336.

daher oberflächlichen Darstellungen auf der einen, sowie sehr weit- bzw. tiefgehenden Untersuchungen auf der anderen Seite. Daher orientiert sich der Text dann doch hauptsächlich am Kommentar von Michael Quante. Eine gut lesbare, wenn auch apologetische Zusammenfassung aus Sicht der Marxismus liefert Erich Fromm[3]. Heinrich Peter Rhein stellt in seiner Dissertation[4] den von Marx unterstellten Kulturprozess sowie seine philosophischen Grundlagen detailliert heraus. Eine umfassende Kritik der Marxschen Anthropologie findet sich bei Arnold Fürle[5], der Versuch, den Begriff der *Entfremdung* in einen größeren ideengeschichtlichen Kontext zu stellen bei Georg Lohmann[6].

---

[3]Fromm, Erich: Das Menschenbild bei Marx. Europäische Verlagsanstalt, Frankfurt a. M. 1963.

[4]Rhein, Heinrich Peter: Die kulturtheoretischen Ansätze in den Frühschriften von Karl Marx. Friedrich-Wilhelms-Universität, Bonn 1966.

[5]Fürle, Arnold: Kritik der Marxschen Anthropologie. Eine Untersuchung der zentralen Theoreme. Wilhelm Fink Verlag, München 1979.

[6]Lohmann, Georg: Indifferenz und Gesellschaft. Eine kritische Auseinandersetzung mit Marx. Suhrkamp Verlag, Frankfurt a. M. 1991.

2. Der Mensch als produktives Gattungswesen

Marx Gesellschaftskritik in dem *PÖM* basiert auf einer Gegenüberstellung von ideellem Wesen und realer Existenz des Menschen. Er spricht dabei vom *Gattungswesen* des Menschen, das ihn vom Tier unterscheidet. Beide, Tier und Mensch, haben ein *Gattungsleben*, sie gehören einer Gattung an und existieren physisch durch die tätige Auseinandersetzung mit ihrer Umwelt. Auch das Tier „produziert" seine Lebensmittel, allerdings „ist es unmittelbar eins mit seiner Lebenstätigkeit. Es unterscheidet sich nicht von ihr."[7] Der Mensch hingegen setzt sich qua Bewußtsein in ein Verhältnis zu seiner Lebenstätigkeit, er kann sein Handeln reflektieren: „Sein eignes Leben ist ihm Gegenstand, eben weil er ein *Gattungswesen* ist. Nur darum ist seine Tätigkeit freie Tätigkeit."[8].

Der Mensch ist also ein Wesen, weil er Bewußtsein hat, und dieses Bewußtsein ermöglicht ihm „freie Tätigkeit" in dem Sinne, dass er sich zu seinen Tätigkeiten verhalten, daß er über seine Tätigkeiten nachdenken und sie nicht nur gestalten, sondern auch wählen und unterlassen kann. Menschen können sich aber nicht nur Ziele setzen, sondern sollen diese auch „produzieren": „Eben in der Bearbeitung der gegenständlichen Welt bewährt sich der Mensch daher erst wirklich als *Gattungswesen*."[9] Damit ist die Kontingenz der Realisierung des *Gattungswesens* angesprochen: Gelingt es dem Menschen nicht, selbst gewählte Ziele durch Arbeit bzw. Produktion zu realisieren, verfehlt er sein Wesen. Bleibt er beim Besorgen des Notwendigen stehen, sinkt er für Marx auf das Niveau des unbewußten Tieres hinab.

Für Marx ist der Mensch also erst dann wirklich Mensch, wenn er werktätig wird und durch die *Vergegenständlichung* der Welt im Produkt seiner Arbeit „die Natur als *sein* Werk und seine Wirklichkeit"[10] und damit auch sich selbst aneignen kann. Dabei ist die durch sein Bewußtsein ermöglichte freie Wahl der Tätigkeit Voraussetzung für die Realisierung der menschlichen Natur. Das gilt auch für soziale Beziehungen, für die nach Marx die Produktion für den Anderen wesentlich ist. Wenn auch das Produkt der Arbeit den einzelnen Menschen spiegelt, so ist das Ziel der Produktion doch die Bedürfnisbefriedigung des Anderen: „Wenn der Mensch sich selbst gegenübersteht, so steht ihm der andere Mensch gegenüber."[11]

---

[7] Quante, Michael (Hrsg.): Karl Marx. Ökonomisch-Philosophische Manuskripte, a.a.O., S. 90.24 - 25.
[8] Ebd., S. 90.32 - 33.
[9] Ebd., S. 91.21 - 22.
[10] Ebd., S. 91.24.
[11] Ebd., S. 92.15 - 16.

3. Die drei gesellschaftlichen Klassen der Nationalökonomie

Wie sieht nun die reale Existenz des Menschen in der von Marx analysierten Gesellschaft, dem kapitalistischen Westeuropa des 19. Jahrhunderts, aus? Marx erörtert diese Frage mittels Rückgriff auf die nationalökonomische Literatur seiner Zeit (Smith, Ricardo, Say) und orientiert sich an den drei grundlegenden Produktionsfaktoren von Smith – Arbeit, Boden und Kapital – aus denen sich die drei aus Sicht der Nationalökonomie wesentlichen gesellschaftlichen Gruppen bzw. Klassen ergeben.

3.1 Kapitalisten

Nach Smith ist Kapital „aufgespeicherte Arbeit"[12]. Zu diesem kommt der Kapitalist als Erbe, Dieb oder Betrüger, wobei ihm die Rechtssprechung hilft, sein Vermögen als *Privatbesitz* zu legitimieren.[13] Kapital manifestiert sich als Geld, es hat „die Macht zu kaufen"[14], insbesondere Arbeit und die Produkte von Arbeit, mittelbar auch politische Macht.

Diese Macht kommt aber nur dann zum Einsatz, wenn die Chance auf Profit besteht: „Er [der Kapitalist] hätte kein Interesse [...] fonds anzuwenden, wenn sein Profit nicht im Verhältnis zum Umfang der angewandten fonds stände."[15] Der Einsatz von „fond" ist dabei mit Risiken verbunden, etwa beim Gütertransport oder Warenabsatz, sodass der Kapitalist je nach Risiko einen Mindestprofit in Aussicht haben muss, um sein Kapital in Bewegung zu setzen.[16] Am schlimmsten ist für den Kapitalisten jedoch die Konkurrenz andere Kapitalisten, durch welche die Verkaufspreis der Ware auf die zur Herstellung notwendigen Ausgaben, und damit der Profit gegen Null, gedrückt wird[17].

Dieser Situation kann der Kapitalist nur durch Wettbewerbsvorteile entgehen, die nach Marx aus überlegenem Wissen, beispielsweise über Märkte oder Produktionstechnologien, oder politischer Macht und damit hergestellten Monopolen (beispielsweise East India Company) entstehen.[18] Ein weiterer Wettbewerbsvorteil ist die Größe des Kapitals selbst, da ein relativ mit der Größe abnehmender Teil des Kapitals für dessen Verwaltung oder Ingangsetzung

---

[12]Quante, Michael (Hrsg.): Karl Marx. Ökonomisch-Philosophische Manuskripte, a.a.O., S. 12.21.
[13]Vgl. ebd., S. 10 .7 - 10.
[14]Ebd., S. 11.15.
[15]Ebd., S. 14.18 - 15.2.
[16]Vgl. ebd., S. 15.10 - 16.2.
[17]Vgl. ebd., S. 38.
[18]Vgl. ebd., S. 18.19 - 20.10.

aufgewendet werden muss. Großes Kapital profitiert von *Economics of Scale* und erwirtschaftet daher höhere Profitraten bzw. kann die Waren bei gleicher Profitrate zu geringeren Preisen anbieten. Bei fortschreitender Entwicklung der kapitalistischen Produktion kommt es daher zur Kapitalkonzentration in den Händen weniger, da kleinerem Kapital in Konkurrenz mit großem Kapital Profit verunmöglicht wird und daher sein Geschäft an das große Kapital verkauft werden oder bankrott gehen muss. Damit sinkt auch sein Eigentümer aus der Gruppe der Kapitalisten in die Arbeiterschaft hinab.[19]

3.2 Grundbesitzer

Grundbesitz ging im 18. und 19. Jahrhundert noch zu bedeutenden Teilen auf feudale Herrschaft zurück, sodass Marx mit Say sagen kann, dass er seinen Ursprung vom Raub ableite[20]. Grundbesitz wirft, im Gegensatz zum Kapital, auch ohne Bearbeitung Renditen ab[21]. Die Höhe der Einnahmen ist dabei abhängig von Angebot und Nachfrage, wobei die Nachfrage dynamischer ist als das Angebot, da sich dieses nur schwer ausweiten läßt. Die Nachfrage nimmt dagegen mit zunehmender Bevölkerung, infrastruktureller Erschließung und technischen Neuerungen und dem damit verbundenen Rohstoffbedarf stetig zu.[22] Daraus folgt, dass im „Kampf zwischen Pächter und Grundeigenthümer" (S. 17.17-18) zumeist der Pächter verliert. Er muss gerade soviel seiner Einnahmen an den Grundbesitzer abgeben, dass er nicht Pleite geht.

Allerdings stehen auch Grundbesitzer in Konkurrenz zu einander. Durch die Erschließung von Kolonien (Amerika, später Afrika) erhalten Pächter alternative Produktionsmöglichkeiten.[23] Aufgrund der *Economics of Scale* führt die Preissenkung durch Konkurrenz auch hier zur Akkumulation von Besitz in wenigen Händen, da kleinere Grundbesitzer um zu überleben mehr prozentualen Profit aus ihrem Land gewinnen müssen als größere.[24]

Auch müssen sich die Einnahmen aus Grundbesitz mit denen aus Kapitalbesitz messen. Ist die Kapitalrendite höher als die eines wertgleichen Grundbesitzes, wird es für den Grundbesitzer attraktiv zu verkaufen und selbst Kapitalist zu werden. Oder er setzt seine Gewinne aus

---

[19]Vgl. Quante, Michael (Hrsg.): Karl Marx. Ökonomisch-Philosophische Manuskripte, a.a.O., S. 42 und 48.
[20]Vgl. ebd., S. 10.4 - 6.
[21]Vgl. ebd., S. 15.8 - 15.
[22]Vgl. ebd., S. 19.16 - 20.2.
[23]Vgl. ebd., S. 75.34 - 76.5.
[24]Vgl. ebd., S. 74.7 - 16.

Verpachtung als Kapital ein und wird zum Fabrikanten.[25] Marx prognostiziert daher, dass der Grundbesitzer sich entweder aus Notwendigkeit oder wegen der ökonomischer Vorzüge zum Kapitalisten entwickelt. Nicht zuletzt wegen der gleichen Bewertung des Besitzes – Kapital oder Boden – nach der Größe der Rendite verwischen sich die Unterschiede zwischen Kapitalist und Grundbesitzer. Marx faßt sie in der Klasse der Kapitalisten zusammen und stellt ihnen die einzig andere, die der Arbeiter entgegen.[26]

3.3 Arbeiter

Den Arbeiter zeichnet aus, dass er weder über Kapital noch Grundbesitz verfügt. Seine einzige Einnahmequelle ist der Verkauf seiner Arbeitskraft. Der Preis dieser bestimmt sich, wie der jeder anderen Ware, nach dem Verhältnis von Angebot und Nachfrage. Im Gegensatz zum Grundbesitz übertrifft hier aber schnell das Angebot die Nachfrage, da gute Löhne zu einem Anstieg der angebotenen Arbeitskraft führen. Zum einen seien die Arbeiter habgierig und würden sich bei der Aussicht auf gute Entlohnung überarbeiten, das heißt möglichst viele Zusatzstunden machen[27]. Zum anderen führe die fortschreitende Konzentration von Kapital und Grundbesitz in immer weniger Händen zu einer kontinuierlichen Vergrößerung der Arbeiterschaft.[28] Im Ergebnis ergibt sich ein Überangebot an Arbeitskräften, dass durch die Konkurrenz der Arbeiter untereinander die Löhne auf einem Niveau hält, das gerade zum Überleben und Fortpflanzen reicht.[29]

Der Preis, den der Arbeiter für dieses Überleben zahlt, ist aber nicht nur seine Lebenszeit, sondern vor allem seine Selbstbestimmung. „Der Arbeiter ist zur einer Waare geworden und es ist ein Glück für ihn, wenn er sich an den Mann bringen kann."[30] Als Fabrikarbeiter wird „er also geistig und leiblich zur Maschine herabgedrückt und aus einem Menschen eine abstrakte Thätigkeit und ein Bauch."[31] Der Arbeiter wird nicht als Mensch, sondern als Teil eines Produktionsprozesses, in der Fabrik als Teil der Maschinerie, benötigt. Diesen Zustand charakterisiert Marx im weiteren Verlauf als *Entfremdung*. Diese ist, aufgrund der niedrigen Löhne, total – der Arbeiter hat keine Zeit, neben der Erwerbsarbeit noch ein selbstbestimmtes

---

[25]Vgl. ebd., S. 75.4 - 9.
[26]Vgl. Quante, Michael (Hrsg.): Karl Marx. Ökonomisch-Philosophische Manuskripte, a.a.O., S. 76.27 - 30.
[27]Vgl. ebd., S. 18.17 - 19.4.
[28]Vgl. ebd., S. 19.20 - 20.10.
[29]Vgl. ebd., S. S. 11.20 - 12.10.
[30]Ebd., S. 12.20 - 13.3.
[31]Ebd., S. 21.4 - 8.

Leben zu führen.[32] Dies gilt ungeachtet gesamtgesellschaftlicher Produktivitätssteigerungen: Selbst wenn der Lebenstandard des Arbeiters aufgrund eines technischen oder anderen Fortschritts in kürzerer Zeit erwirtschaftet werden kann, so kommt ihm das aufgrund des Arbeitskräfteüberangebots und der Konkurrenz unter den Arbeitern nicht zugute.[33]

3.4 Privateigentum und Konkurrenz als Triebkräfte des Kapitalismus

Das entscheidende Merkmal des Kapitalismus ist für Marx die Konkurrenz: „Ueberall in der Nationalökonomie finden wir den feindlichen Gegensatz der Interessen, den Kampf, den Krieg als die Grundlage der gesellschaftlichen Organisation anerkannt."[34] Ursache dafür sei letztlich die Habgierigkeit des Menschen und die damit einhergehende Idee des *Privateigentums*.

Nicht bedacht würden aber die negativen Folgen der mit dem *Privateigentum* einhergehenden Konkurrenz. Durch sie konzentriert sich das Kapital bei sehr wenigen Menschen, nur diese profitieren von den gesellschaftlich erreichten Produktivitätsfortschritten. Die Masse wird besitzlos und muss ihre Lebenszeit gegen die Mittel zur Lebenserhaltung eintauschen. Der Mensch wird reduziert auf seine Arbeit, wird zur Ware, die im Produktionsprozess vernutzt wird.[35] Da dieser Zustand auf Dauer unhaltbar ist, muss es nach Marx zum Klassenkampf zwischen Arbeitern und Kapitalisten und damit letztendlich zur Revolution und zur Aufhebung des *Privateigentums* kommen.[36]

---

[32]Vgl. ebd., S. 55.4 - 11.
[33]Vgl. ebd., S. 56.3 - 57.13.
[34]Vgl. Quante, Michael (Hrsg.): Karl Marx. Ökonomisch-Philosophische Manuskripte, a.a.O., S. 17.19 - 18.2.
[35]Vgl. ebd., S. 12.18 - 20.
[36]Vgl. ebd., S. 82 und 116.

4. Der kapitalistische Arbeiter als entfremdeter Mensch

Den Zustand des Arbeiters im Kapitalismus charakterisiert Marx als *Entfremdung*.[37] Bei Hegel ist *Entfremdung* eine notwendige Entwicklungsstufe des absoluten Geistes im Prozess seiner Bewußtwerdung. Marx lehnt die Reduzierung des Menschen auf seinen Geist ab, adaptiert aber das Hegelsche Entwicklungsmodell.[38] Eine eindeutige Bestimmung des Begriffs gibt Marx nicht, stattdessen wird versucht, die Bedeutung über die Verwendung zu erschließen.

4.1 Die Entfremdung des Arbeitsproduktes

Das Produkt ist vergegenständlichte Arbeit, es existiert unabhängig vom Arbeiter: „Betrachten wir nun näher die Vergegenständlichung, die Production des Arbeiters."[39] Diese ist zugleich menschliche Umformung der Welt. In der auf die Vergegenständlichung folgende Verwendung eignet sich der Mensch die Welt in vermenschlichter Form, und damit auch sich selbst, an. Dadurch realisiert er sein *Gattungswesen*.

Die Vergegenständlichung macht es aber auch möglich, den Arbeiter von seinem Produkt zu trennen, d.h. zu entfremden. Im Kapitalismus gehört es nicht dem Hersteller, sondern dem Kapitalisten, in dessen *Privateigentum* es übergeht. Der Arbeiter muss die Früchte seiner Arbeit vom Kapitalisten zurückkaufen, was ihm aufgrund der niedrigen Löhne aber nur in geringem Umfang möglich ist.[40]

Die Produktion außerhalb der Lohnarbeit steht dem Arbeiter ebenfalls nicht offen, da er nicht über die dazu notwendigen Produktionsmittel verfügt. Zu ihrem Erwerb wäre Kapital notwendig, dass der Arbeiter per Definition nicht hat.[41] Seine Arbeitskraft kann nur durch Verkauf dieser an einen Kapitalisten wirksam werden. Dadurch aber verliert der Arbeiter die Verfügungsgewalt über sein Produkt.

---

[37]Vom lateinischen alionatio.
[38]Dazu mehr in Abschnitt 5.
[39]Vgl. Quante, Michael (Hrsg.): Karl Marx. Ökonomisch-Philosophische Manuskripte, a.a.O., S. 85.27 - 28.
[40]Vgl. ebd., S. 87 und S. 250.
[41]Vgl. ebd., S. 11.3 - 12.

4.2 Kapitalistische Produktion als entfremdete Tätigkeit

Ursprünglicher als die *Entfremdung* des Produkts ist die *Entfremdung* der Arbeit selbst. Der Lohnarbeiter kann über seine Arbeit nicht selbst entscheiden, er muss tun, was ihm der Kapitalist aufträgt. Dementsprechend begreift er seine Tätigkeit nicht als Befriedung seiner Bedürfnisse, sondern als Teil einer Maschinerie zur Produktion von Dingen, an denen er selbst kaum partizipiert: „Endlich erscheint die Äusserlichkeit der Arbeit für den Arbeiter darin, daß sie nicht sein eigen ist, daß sie ihm nicht gehört, daß er in ihr nicht sich selbst, sondern einem anderen angehört."[42] Dem Arbeiter ist das Produkt seiner Arbeit daher gleichgültig, seine Arbeit lediglich notwendige Voraussetzung zum eigenen Überleben. Die zur Realisierung des *Gattungswesens* notwendige Selbstverwirklichung durch Arbeit findet nicht statt.[43]

Stattdessen flieht der Arbeiter die Arbeit, soweit er kann. Da der Mensch im Kapitalismus nur entfremdet arbeitet, kann er nur jenseits der Arbeit zu sich selbst kommen: „Der Arbeiter fühlt sich daher erst ausser der Arbeit bei sich und in der Arbeit ausser sich. Zu Hause ist er, wenn er nicht arbeitet und wenn er arbeitet, ist er nicht zu Haus."[44] Er sucht in Freizeit und Konsum sein eigentliches Mensch-Sein.[45]

4.3 Entfremdung als Verfehlung des Gattungswesens

Die Realisierung seines *Gattungswesens* durch tätige Aneignung der Natur bleibt dem Arbeiter daher versperrt. Er begreift den Produktionsprozess nicht als Ausdruck der Interessen seiner Gattung, sondern als bloßes Mittel zum individuellen Überleben: „Ebendso indem die Arbeit die Selbstthätigkeit, die freie Thätigkeit zum Mittel herabsetzt, macht sie das Gattungsleben des Menschen zum Mittel seiner physischen Existenz."[46] Damit bleibt ihm die wahre Natur der Arbeit auf zweierlei Weise verborgen: Zum einen sieht er Arbeit, also nach Marx den eigentlichen Ort der Selbstverwirklichung, als Notwendigkeit an, und die Notwendigkeit zum Erholen und Konsumieren, welche nach Marx die Vorraussetzung zur freien Tätigkeit ist, als Ort der Freiheit und Selbstrealisierung. Damit stellt der Kapitalismus

---

[42]Quante, Michael (Hrsg.): Karl Marx. Ökonomisch-Philosophische Manuskripte, a.a.O., S. 88.7 - 10.
[43]Vgl. ebd., S. 87 - 89 und S. 250 - 252.
[44]Ebd., S. 87.32 - 34.
[45]Vgl. ebd., S. 88.17 - 21.
[46]Ebd., S. 91.35 - 92.2.

die Natur des Menschen auf den Kopf.[47]

Zum anderen realisiert der Arbeiter nicht, dass das Verhältnis seiner Gattung, also aller Menschen, zur Natur, über Arbeit hergestellt wird. Da er keine Macht über sein Produkt oder dessen Gestaltung hat, übernimmt er auch keine Verantwortung für sein produktives Handeln. Dadurch wird ihm der Kern seiner Natur, die freie Gestaltung seiner Lebenswelt durch eigenes Tätigsein, unmöglich. Der Mensch wird „entwirklicht".[48]

4.4 Entfremdung des Arbeiters von seinen Mitmenschen

Das für den Markt hergestellte Produkt ist die Reaktion auf Nachfrage, also die Erfüllung von Bedürfnissen anderer Menschen. Da das Ziel der entfremdeten Arbeit aber lediglich die Sicherung der eigenen physischen Existenz ist, baut der Arbeiter keine Beziehung zu den Abnehmern seiner Produkte auf. Die konkreten Bedürfnisse, die seine Arbeit befriedigen soll, sind ihm ebenso unbekannt wie die dahinter stehenden Menschen. Damit bleibt ihm die Realisierung seines *Gattungswesens* im Tausch- bzw. Kaufakt verwehrt.[49]

---

[47]Vgl. ebd., S. 254.
[48]Vgl. ebd., S. 91.
[49]Vgl. Quante, Michael (Hrsg.): Karl Marx. Ökonomisch-Philosophische Manuskripte, a.a.O., S. 255.

5. Entfremdung im Kontext des Deutschen Idealismus

Die *PÖM* sind in zentralen Punkten eine Auseinandersetzung mit dem Deutschen Idealismus, insbesondere mit Hegel. Marx kritisiert, wie andere Junghegelianer (Feuerbach, Bauer, Stirner), die Realitätsabgewandheit der Hegelschen Weltgeistphilosophie. Marx eigene Philosophie des Historischen Materialismus lehnt sich trotz dieser Kritik an Konzepte des Idealismus an, insbesondere übernimmt er – in modifizierter Form – für die Entfremdungstheorie zentrale Begriffe wie *Gattungswesen, Entfremdung* und *Anerkennung*.

5.1 Entfremdung als falsches Bewußtsein

Die Gegenüberstellung von Gattung und Individuum geht auf Hegel zurück. Bei Hegel ist das Individuum die Realisierung der Gattung, seine Lebensäußerungen sind nur unter Bezugnahme auf die Gattungseigenschaften begreifbar. Ein Individuum realisiert aufgrund seiner Beschränktheit die Gattung aber nicht vollständig, dazu bedarf es der Bezugnahme auf andere Individuen derselben Gattung, insbesondere der Fortpflanzung.[50]

Die bei Hegel angelegte Unterordnung des Individuums unter seine Gattung wird bei Feuerbach und Heß ausgebaut. Insbesondere von Heß übernimmt Marx die Idee der Realisierung des *Gattungswesens* in der praktischen sozialen Tätigkeit, die gemeinsame und freiwillige Produktion wird zum Ziel der Geschichte.[51]

Dementsprechend konzipiert Marx das *Gattungswesen* essentialistisch. Eine Gattung hat bestimmte Eigenschaften, die jedes Individuum, dass zu ihr gehört, haben muss. Das Wesen das Individuums ist also durch die Gattung bestimmt. Hat ein Individuum eine Eigenschaft seiner Gattung nicht ausgeprägt, so ist doch die Disposition dazu angelegt.

Eine wesentliche Eigenschaften der Gattung Mensch ist es nun, Bewußtsein zu haben, insbesondere über das menschliche Wesen. Der Zustand der *Entfremdung* geht nach Marx mit einem falschem Bewußtsein über das Wesen des Menschen einher.[52] Da dieses falsche Bewußtsein unter kapitalistischen Bedingungen gesellschaftliche Normalität ist, ist es Ideologie. *Entfremdung* ist somit nicht nur ein Verhältnis des Individuums zu seiner Arbeit, anderen Individuen und seiner Gattung, sondern auch ein Verhältnis einer Kultur zu sich selbst.

---

[50]Vgl. Quante, Michael (Hrsg.): Karl Marx. Ökonomisch-Philosophische Manuskripte, a.a.O., S. 263.
[51]Vgl. ebd., S. 266f.
[52]Vgl. Abschnitt 4.3.

Es ist naheliegend, die Kritik der kapitalistischen Ideologie zur Herstellung des richtigen Bewußtseins sowie die Realisierung des wahren Wesens des Menschen als ethische Forderung zu verstehen, auch wenn Marx das so nicht formuliert.[53]

5.2 Entfremdung als historisch notwendige Stufe des Kulturprozesses

Entfremdung ist nach Marx nun nicht einfach ein aus historischen Umständen zu erklärender Kulturzustand, sondern eine *notwendige* Stufe im Kulturprozess des Menschen, der ebenso notwendig auf den kommunistischen Endzustand zusteuert. Die zugrundliegende Denkfigur übernimmt er aus Hegels „Phänomenologie des Geistes": Im Naturzustand ist der Mensch ein unfertiges, naives, sich seines Wesens nicht bewußtes Lebewesen. Erst durch Vergegenständlichung seines Wesens in den Resultaten seiner tätigen Auseinandersetzung mit der Welt, also den Produkten seiner Arbeit, kann er sich in diesen Gegenständen selbst erkennen und so ein richtiges Bewußtsein seiner selbst erlangen beziehungsweise sein *Gattungswesen* verwirklichen.[54] Der Unterschied zwischen Hegel und Marx ist nun, dass Hegel diesen Prozess vornehmlich als Problem des Bewußtseins bzw. der Bewußtwerdung konzipiert, während Marx das Bewußtsein als Folge der gesellschaftlichen, also wirklichen Verhältnisse ansieht. Damit muß die Bewußtwerdung mit der Umwälzung der gesellschaftlichen Verhältnisse einhergehen, bei Marx wird aus einem Prozess des Geistes materielle Geschichte.

Auf metaphysischer Ebene verlaufen Hegels wie Marxs Gedanken entlang der dialektischen Struktur der Negation der Negation. Nach Hegels Auffassung sind Widersprüche die Ursache von Entwicklungen, die zu einem neuen Zustand führen, in dem das ursprünglich Verneinte und das Verneinende in transformierter und integrierter Form ko-existieren. Auf den Historischen Materialismus bezogen heißt das: Die Natur des Menschen wird durch die Erfindung des *Privateigentums* und die resultierende *Entfremdung* negiert. Der daraus entstehende Widerspruch zwischen *Gattungswesen* und Gattungsrealität beziehungsweise Arbeiter und Kapitalisten führt zum Klassenkampf, aus dem die neue Wirklichkeit des Kommunismus hervorgeht. In dieser gehören die Mittel der kapitalistischen Produktion den Arbeitern, welche dann in *Anerkennung* des Anderen frei tätig sein können.[55]

---

[53]Vgl. Quante, Michael (Hrsg.): Karl Marx. Ökonomisch-Philosophische Manuskripte, a.a.O., S. 270.
[54]Vgl. Rhein, Heinrich Peter: Die kulturtheoretischen Ansätze in den Frühschriften von Karl Marx, a.a.O., S. 186.
[55]Vgl. Quante, Michael (Hrsg.): Karl Marx. Ökonomisch-Philosophische Manuskripte, a.a.O., S. 116.6 - 20.

5.3 Entfremdung und Anerkennung

Eine nicht-entfremdete Produktion soll nach Marx auf dem Prinzip der *Anerkennung* beruhen, welches mit dem *Privateigentum* unvereinbar ist. Das Konzept der *Anerkennung* geht auf die Analyse des Selbstbewußtseins von Fichte zurück: „In diesem Modell kann eine Entität A nur dadurch zu einem Ich werden, daß sie von einem bereits über Selbstbewußtsein verfügenden B als ein Ich anerkannt und dazu aufgefordert wird, sich selbst und B als ein Ich anzuerkennen".[56] Marx verlagert diese Anerkennungsrelation in den Tauschakt. Solange der Mensch in erster Linie zur Mehrung seines *Privateigentums*, und nur mittelbar für die Befriedigung der Bedürfnisse andere Menschen produziert, wird der Andere nicht als Mensch, sondern als Käufer bzw. Konsument wahrgenommen. Nicht seine menschlichen Bedürfnisse, sondern sein Geld ist das eigentliche Ziel der Produktion. Ebenso der Käufer: Er sieht in der gekauften Ware nicht den individuellen Lebensausdruck des Produzenten, sondern lediglich ein Mittel zur Befriedigung seiner Bedürfnisse.Diese reziproke Nicht-Anerkennung verhindert eine echte Interaktion von Mensch zu Mensch. Stattdessen versuchen die Käufer und Verkäufer einander zu übervorteilen. Der (andere) Mensch wird zum Mittel der Vermehrung des *Privateigentums*.

Die *Anerkennung* des Anderen als Mensch ist daher nur unter Ausschluß des *Privateigentums* möglich. Der Mensch soll aus *Anerkennung* der Bedürfnisse des Anderen produzieren und wird dafür von diesem als freies Individuum anerkannt:

> Gesezt wir hätten als Menschen produziert: Jeder von uns hätte in seiner Production sich selbst und den andern *dopppelt bejaht*. Ich hätte 1) in meiner Production meine Individualität [...] vergegenständlicht und daher sowohl während der Thätigkeit [...] als im Anschauen des Gegenstandes die individuelle Freude, meine Persönlichkeit als gegenständliche, sinnlich anschaubare [...] Macht zu wissen. 2) In deinem Genuß [...] meines Produkts hätte ich unmittelbar den Genuß [...] dem Bedürfnis eines andren menschlichen Wesens seinen entsprechenden Gegenstand verschafft zu haben, 3) für dich der notwendige Mittler zwischen dir und der Gattung gewesen zu sein, also von dir selbst als eine Ergänzung deines eignen Wesens, als ein nothwendiger Theil deiner selbst gewußt und empfunden zu werden, also sowohl in deinem Denken als auch in deiner Liebe mich bestätigt zu wissen, 4) in meiner individuellen Lebensäusserung unmittelbar Deine Lebensäusserung geschaffen zu haben, also in meiner individuellen Thätigkeit unmittelbar mein wahres Wesen, mein menschliches, mein Gemeinwesen bestätigt und verwirklicht zu haben.[57]

---

[56]Vgl. Quante, Michael (Hrsg.): Karl Marx. Ökonomisch-Philosophische Manuskripte, a.a.O., S. 276.
[57]Ebd., S. 206 - 207.

6. Fazit

Zusammenfassend ist der Begriff der *Entfremdung* in den *PÖM* ein Amalgan aus Beobachtungen des sozialen Verhältnisses zwischen Arbeitern und Kapitalisten und den philosophischen Ideen der Hegelianer. Ausgangspunkt ist die elendige Lebenssituation der Arbeiter im Kapitalismus, welche psychologisch zu einem „Indifferenzphänomen"[58] führt: Dem Arbeiter ist sein tätigen Handeln und dessen Auswirkungen auf seine Mitmenschen und die Umwelt egal, ebenso wie die Lage der Arbeiter für Kapital und Produktionsprozess gleichgültig ist.[59] Damit ist der Arbeiter von einer wesentlichen eudaimonistischen Resource, der willentlichen Gestaltung der Welt durch Tätigkeit, abgeschnitten. Ursache dieser *Entfremdung* ist für Marx das *Privateigentum*, welches die sozialen Beziehungen auf das egoistische Motiv der Geldvermehrung reduziert.

Diese eher deskriptive Kulturkritik bettet Marx in eine auf der Hegelschen Phänomenologie und Dialektik aufbauenden eschatologischen Geschichtstheorie ein, um so die Zustände seiner Zeit als Übergangsphänomen deuten zu können. Da das *Gattungswesen* Mensch sich im Urzustand seiner Natur nicht bewußt ist, muss es durch tätige Umgestaltung die Welt vermenschlichen und damit nicht nur die Welt, sondern sich selbst erkennen und aneignen. Möglich wird dieser Prozess durch die Eigentümlichkeit einer wesentlichen Fähigkeit des *Gattungswesens*, des Arbeitens, sich im Arbeitsprodukt zu vergegenständlichen. Unter kapitalistischen Verhältnissen gelingt die Wiederaneignung des Produktes und damit der Welt nicht, der Selbsterkenntnisprozess wird unmöglich. Allerdings enthält dieser Zustand auch das Potential zu seiner Überwindung: Die sich zuspitzende Aufteilung der Menschen in zwei Lager, wenige reichen Kapitalisten und der überwiegenden Mehrheit der elendig lebenden Arbeiter, muss nach Marx zur Revolution und zur Auflösung des *Privateigentums* führen. Damit wird der Weg für ein bewußtes und sich selbst realisierendes Tätigsein frei.

Folgt man den Argumentationen der Sekundärliteratur, so ist diese philosophische Einbettung der *Entfremdung* nicht haltbar. Bereits die Notwendigkeit des entfremdeten Zustands im geschichtlichen Ablauf ist nicht einsichtig, eine philosophische Begründung für ihr faktisches Auftreten liefert Marx nicht.[60] Weiterhin ist die zentrale Bedeutung der Arbeit für die Selbstverwirklichung des Menschen zumindest begründungsbedürftig, da es in der Geschichte

---

[58]Vgl. Lohmann, Georg: Indifferenz und Gesellschaft, a.a.O.
[59]Nicht notwendig auch dem Kapitalisten selbst, aber auch er ist Opfer der Verhältnisse.
[60]Vgl. Quante, Michael (Hrsg.): Karl Marx. Ökonomisch-Philosophische Manuskripte, a.a.O., S. 274.

schon diverse andere Konzepte vom *Guten Leben* gegeben hat.[61] Marx übernimmt diese Idee aber aber einfach von Hegel.[62] Nicht zuletzt bleibt der unterstellte Zusammenhang zwischen Selbstverdopplung im Arbeitsprodukt und Selbsterkenntnis durch Aneignung genauso Spekulation wie der aus der Denkfigur der Hegelschen Dialektik abgeleitete Klassenkampf mit seiner Aufhebung im Kommunismus.

Eine historisch bedeutsame Setzung ist der Vorrang des Wesens der Gattung gegenüber dem Individuum. Diese ist nicht nur logisch zweifelhaft,[63] sondern führt mit Notwendigkeit zu einem auf Unfreiheit basierendem Gesellschaftsentwurf.[64] Marx benötigt diese Setzung aber, da er sonst zeigen müßte, dass der von ihm anvisierte Kommunismus divergierende Selbstentwürfe nicht nur ermöglicht, sondern besser ermöglicht als die auf *Privateigentum* basierende, liberal-bürgerliche Gesellschaft. So kann er jedoch die auf gegenseitiger *Anerkennung* beruhende Werktätigkeit und die Realisierung individueller Freiheit einfach zusammenlegen.

Was bleibt ist die *Entfremdung* als phänomenologische Beschreibung sozialer Indifferenzbeziehungen, ein Thema, dass in der Moderne immer wieder aufgegriffen wurde (beispielsweise bei Rousseau, Simmel, Heidegger oder Habermas). Auch wenn sich nach fast 200 Jahren Kulturkritik eine differenziertere und philosophisch besser durchdachte Position finden lassen sollte, ist die von Marx thematisierte *Entfremdung* weiterhin aktuell.

---

[61]Vgl. Schwan, Gesine: Die Gesellschaftskritik von Karl Marx. Politökonomische Voraussetzungen. Kohlhammer, Stuttgart 1974, S. 40.

[62]Polemisierend könnte man meinen, Marx hätte hier seinen und Hegels Klassenstandpunkt des protestantischen Kleinbürgertums unbewußt verabsolutiert. Siehe Weber, Max: „Die protestantische Ethik und der Geist des Kapitalismus".

[63]Vgl. Fürle, Arnold: Kritik der Marxschen Anthropologie, a.a.O., S. 117.

[64]Siehe Popper, Karl Raimund: „Die offene Gesellschaft und ihre Feinde".

7. Literaturverzeichnis

Cho, Hang-Gu: Vom Hegelianismus zum philosophischen Materialismus. Eine Studie über die Entwicklung des politischen Denkens des jungen Marx. Lang, Frankfurt a. M. 1999.

Fürle, Arnold: Kritik der Marxschen Anthropologie. Eine Untersuchung der zentralen Theoreme. Wilhelm Fink Verlag, München 1979.

Fromm, Erich: Das Menschenbild bei Marx. Europäische Verlagsanstalt, Frankfurt a. M. 1963.

Lohmann, Georg: Indifferenz und Gesellschaft. Eine kritische Auseinandersetzung mit Marx. Suhrkamp Verlag, Frankfurt a. M. 1991.

Quante, Michael (Hrsg.): Karl Marx. Ökonomisch-Philosophische Manuskripte. Suhrkamp Verlag, Frankfurt a. M. 2009.

Rhein, Heinrich Peter: Die kulturtheoretischen Ansätze in den Frühschriften von Karl Marx. Friedrich-Wilhelms-Universität, Bonn 1966.

Schwan, Gesine: Die Gesellschaftskritik von Karl Marx. Politökonomische Voraussetzungen. Kohlhammer, Stuttgart 1974.